CONSIDÉRATIONS

SUR LES

RELATIONS DU BRÉSIL

AVEC L'ALLEMAGNE

PAR RAPPORT A L'ÉCONOMIE NATIONALE;

PRÉSENTÉES

A M. le Commandeur LOUIS MOTTINHO LIMA,

Sous-Secrétaire d'état des Affaires étrangères de S. M. l'Empereur du Brésil.

PARIS,

DE L'IMPRIMERIE DE J. SMITH, RUE MONTMORENCY, N° 16.

1828

RELATIONS

DU

BRÉSIL AVEC L'ALLEMAGNE

PAR RAPPORT A L'ÉCONOMIE NATIONALE.

L'ENTRÉE du Brésil, au rang des états indépendans, doit être des meilleures conséquences pour le développement futur de l'industrie de l'Europe ; l'Allemagne surtout doit en attendre beaucoup de bien, si elle ne laisse pas passer, sans en faire usage, le moment où ce grand continent herche à donner une position stable à ses relations avec l'Europe.

Lorsqu'il était encore colonie portugaise, ses vastes pays à l'hémisphère occidental n'étaient déjà point sans importance pour l'Allemagne. Quoique la mère-patrie, par sa politique, les fermait au reste de l'Europe pour ainsi dire hermétiquement, ils lui offraient néanmoins un débouché indirect pour ses produits par l'entremise du Portugal. Malgré que la plus grande partie du débit devait nécessairement tomber en partage à la Grande-Bretagne, qui jouissait déjà des plus forts avantages dans ses relations de commerce avec le Portugal, l'Allemagne n'était pas tout-à-fait exclue d'y prendre part, jusqu'à ce que les nouveaux évènemens, qui transplantaient le siége du gouvernement de Lisbonne à Rio-Janeiro, et qui ainsi préparèrent l'indépendance du Brésil, fermèrent momentanément toutes les communications de ce pays avec le continent européen. Ces temps sont passés : à la place d'une colonie alors peu connue que la mère-patrie gardait d'un œil jaloux, s'est élevé un empire qui renferme tous les élémens de sa grandeur future, et dont les côtes étendues sont ouvertes à tous les pavillons.

Il est difficile de juger de ce que deviendra dans des siècles un pays de 120,000 lieues carrées géographiques du terrain le plus fertile, sous une zone la plus propre à la végétation, couvert de montagnes, riche de minéraux et possédant les plus grands fleuves du monde, qui a en outre 800 lieues de côtes qui offrent les arborages les plus spacieux et les plus sûrs. Le présent nous montre déjà le Brésil comme un pays digne de la plus grande attention ; et, si l'on fait une comparaison avec le passé, on jugera de ce qu'on doit en attendre pour l'avenir. Depuis la transplantation du gouvernement à Rio-Janeiro, la population du pays, qui n'était alors que de trois à quatre millions tout au plus, s'est élevée à cinq millions, et néanmoins ce nombre est encore bien loin de suffire aux besoins les plus pressans du sol, qui exige des bras pour ouvrir ses trésors. On peut admettre avec certitude que toutes les forces tant pécuniaires que physiques des habitans, quand même leur nombre se décuplerait, devront être employées exclusivement à la culture du sol dans les premiers siècles. Le rapport naturel des pays productifs avec les pays manufacturiers est à coup sûr celui du Brésil avec l'Europe ; c'est un rapport qu'il conservera long-temps dans la même proportion que sa population s'accroîtra.

Les marchandises que le Brésil tire de l'Europe sont en partie des objets de luxe, en partie des objets de première nécessité ; par exemple, des toiles, des draps et d'autres étoffes à l'usage de l'habillement, des ustensiles de ménage, des outils pour le cultivateur et l'ouvrier, des armes, des verreries, etc., etc., quelquefois aussi de la farine, dont la consommation est indispensable pour les colons européens, qui ne sauraient s'en priver, parce qu'ils sont habitués aux légumes et aux plantes farineuses.

La plus grande partie de la population brésilienne étant composée de gens auxquels tout ce qui appartient au luxe est étranger, il n'y a donc que les objets de la dernière espèce qu'on doit prendre en considération particulière dans le trafic de l'Europe avec le Brésil, d'autant plus qu'ils le méritéront toujours davantage et aussi long-temps que l'accroissement de la population, et principalement de la classe ouvrière, fera des progrès. Ce sont ces articles précisément que l'Allemagne est en état de livrer à bon marché, et de bonne qualité, par préférence à tous les autres états de l'Europe. La nature a donc ainsi assigné une des premières places à l'Allemagne pour le commerce avec le Brésil, peut-être même la première qui, dans le cours naturel des choses, devrait lui être garantie, le Brésil ayant reçu, jusqu'à présent, le plus grand nombre de ses colons de l'Allemagne, dont, sans doute, il en recevra encore davantage dans la suite. La masse des Allemands au Brésil deviendra par conséquent très-considérable; l'influence de cette circonstance, de même que de l'heureuse constellation qui, dans une époque fortunée, a conduit la fille d'un empereur d'Allemagne sur le trône du Brésil, pourront avoir des suites qu'on ne saurait encore apprécier, non plus que le développement futur d'un empire auquel, à cause de la diversité de ses habitans, il semble encore marquer un caractère national et décidé. Mais ces colons allemands, par leur langage, leur caractere, leurs mœurs, leurs habitudes, demeureront alliés aux Allemands de ce côté de la mer atlantique, et, par cette même raison, préféreront le commerce avec ceux-ci à celui des autres nations européennes, pourvu que les relations commerciales de l'Allemagne avec le Brésil jouissent de la même faveur que celles avec les nations les plus favorisées. Il s'établira une liaison entre les Allemands des deux hémisphères, telle que celle qui existe entre l'Angleterre et les anciennes colonies de l'Amérique septentrionale, et l'Allemagne ne sentira plus, comme une privation, qu'elle ne possède aucune colonie. Le système colonial en général ne paraît plus être applicable qu'au trafic avec les peuples qui n'ont pas été cultivés, et chaque mère-patrie, lorsqu'elle eut reçu d'autres notions d'une juste politique commerciale, et que ses colonies eurent atteint un certain degré de cultivation, trouva elle-même les plus grands avantages en abandonnant peu à peu sa suzeraineté.

Si de tout ceci rien n'a été réalisé jusqu'à présent, la raison, il faut le dire, existe dans le système des douanes exclusivement, d'après lequel on ne perçoit des Anglais, et, depuis peu, des Français, aussi que 15 pour cent de droit d'importation, tandis que l'Allemand est obligé de payer 24 pour 100 de ses envois au Brésil; en outre, dans ce que les évaluations des principaux articles de l'exportation allemande sont portées trop haut au tarif, et enfin dans la prime d'exportation de 1/2 d. par yard de toile ordinaire que paie la Grande-Bretagne pour favoriser la fabrication des toiles irlandaises et écossaises, qu'elle a infiniment étendue aux dépens de l'Allemagne pendant la clôture du commerce. Tant de circonstances préjudiciables réunies ont produit des résultats si tristes pour les négocians entreprenans des villes maritimes qui ont fait des efforts afin de procurer un débouché à la fabrication allemande dans le Brésil, qu'on y renonça absolument dans les derniers temps, et même on trouva plus avantageux d'envoyer sans chargement les navires qui alloient chercher les précieux produits du Brésil.

Les négocians les plus habiles des villes maritimes de l'Allemagne, ainsi que les maisons de commerce allemandes du Brésil sont parfaitement de la même opinion que si cette favorisation de la douane n'existait point, l'Allemagne serait en état de rivaliser avec l'Angleterre, non seulement pour quelques-uns des principaux articles qui sont les toiles de lin et les draps, mais qu'elle repousserait aussi peu à peu des marchés brésiliens les toiles irlandaises et écossaises auxquelles on a été obligé de s'habituer. Quant aux ferreries, aciers et verreries, l'Allemagne n'aurait plus à craindre la concurrence des autres pays; elle oserait, au contraire, espérer de gagner la préférence avec le temps.

Ce débit ayant été empêché jusqu'à présent, en dépit de la raison, on ne saurait en exprimer l'importance en chiffres; cependant on se rappellera combien le débit des toiles allemandes dans les États-Unis de l'Amérique septentrionale est devenu considérable dans des circonstances qui étaient sans comparaison moins favorables, et à quel haut degré ce commerce, qui commença dans les dernières vingt années du siècle passé, a influé sur la vivification de l'industrie allemande, pour juger de ce que doit nécessairement devenir un tel commerce avec le Brésil, aussitôt qu'on le dégagera des entraves qui l'anéantissent.

D'après l'importance des exportations du Brésil, on peut se faire une idée de celle de ses marchés pour les produits européens. Le Brésil, qui n'avait encore aucune plantation il y a vingt et quelques années, exporte maintenant plus d'un million d'arobes, ou trente-deux millions de livres poids portugais de café, dont la culture s'augmente encore. Son exportation de sucre se monte à cent millions de livres ; la plantation de la canne à sucre fait aussi des progrès. Il exporte encore une grande quantité de coton, cacao, indigo, riz, tabac, plusieurs plantes médicinales les plus vertueuses, du bois de teinture, des peaux, etc. La plante à thé, ainsi que la plupart des épices des grandes Indes, se cultivent dans les environs de Rio, et promettent de devenir des objets d'exportation. Il faut enfin ajouter ici les métaux et les pierres précieuses, une richesse du Brésil. L'étendue de ces exportations sert en même temps de mesure pour calculer celle des importations d'objets fabriqués et d'autres produits bruts européens, dont l'échange est le pôle autour duquel se tourne tout le commerce de l'Europe, avec l'hémisphère occidental ; car, si l'Allemagne réussissait à payer de ses marchandises la valeur des exportations du Brésil, qu'elle consomme elle-même, ce serait déjà beaucoup gagné ; d'autant plus que c'est elle qui en est le consommateur principal, et qu'elle les recherchera encore plus dans la suite, parce que l'Angleterre et la France ne tirent quelques-uns de ces articles, par exemple les sucres et cafés, que de leurs colonies pour la consommation intérieure.

Il serait fort difficile que le débit de l'Allemagne se concentrât dans ses bornes ; les places de commerce du nord, et particulièrement les villes anséatiques, destinées, par la nature de leur situation, à servir d'intermédiaires au commerce, entre le nord et le sud, prendront aussi ce rôle pour celui du Brésil, avec le nord de l'Europe, aussitôt que l'on traitera leur pavillon de la même manière que celui des Anglais, et alors elles s'empresseront de compenser, par des exportations de marchandises allemandes, la valeur de celles qu'elles tireront du Brésil.

Enfin il s'établira, entre les deux pays, une relation d'économie nationale réciproque, dont on ne saurait déterminer les bornes et les résultats ultérieurs. Ce sont les fortes demandes de marchandises européennes, pour les ci-devant colonies de la Grande-Bretagne, qui sont devenues pour l'Angleterre, le levier le plus puissant de son industrie; de même, c'est aussi le Brésil qui, dans des circonstances analogues, peut devenir, pour l'Allemagne, un moyen d'encouragement général pour le développement de ses forces industrielles et de ses capacités.

Ce n'est pas seulement dans les articles pour lesquels elle a déjà vaincu toute concurrence dans les toiles, ni dans ceux pour lesquels elle rivalise heureusement avec tous les autres pays, par exemple les draps, et même l'amélioration des laines indigènes qui lui a réussi avec tant de succès, que ce principe vivificateur se manifestera, mais c'est aussi dans les autres articles que l'Allemagne livre déjà à l'hémisphère occidentale, qui sont les quincailleries, les armes, les verreries; même dans les branches qui en dépendent, telles que la tenue des troupeaux, la culture du lin, etc., et enfin, dans les branches d'industrie pour lesquelles elle n'a pas encore pu se mesurer avec l'Angleterre. Il ne faut pas omettre d'ajouter ici les étoffes de coton, d'autant plus qu'un commerce animé entre le Brésil et l'Allemagne, et le bas prix des prêts qui en seraient une suite naturelle, faciliteraient au fabricant allemand l'emploi du coton du Brésil, et particulièrement des sortes surfines qu'on envoie, pour la majeure partie, en Angleterre et en France, où on en file les fils les plus fins.

Le colon allemand ayant déjà beaucoup de difficultés à combattre, c'est donc du prix qu'il devra payer, dans sa nouvelle patrie, pour les objets d'habillement et ceux de ménage et de champ, dont dépendront presque entièrement les progrès et la prospérité du système colonial du Brésil, et, dans ses conséquences, le développement des forces productives de cet immense empire. C'est l'Allemagne qui pourrait lui porter ses objets à des prix très-modiques, si la différence des droits était aplanie. L'uniformité qu'on apporterait dans le commerce, en traitant celui des Allemands sur le même pied que ceux de l'Angleterre et de la France, ne pourrait avoir que des résultats très-favorables, tant pour la population du Brésil que pour l'exportation de ses productions. Par l'accroissement du nombre de ses habitans et de sa prospérité, les demandes de marchandises allemandes se multiplieront, et même, dans des circonstances particulières, on recherchera quelques uns des produits de culture allemande; par exemple, la farine, le climat du Brésil ne paraissant pas être propre partout à la cultivation du blé, qui est un moyen d'existence dont les habitans de naissance européenne ne sauraient se priver. Alors, les contrées de l'Allemagne, même celles qui sont trop éloignées des ports de mer pour prendre une part immédiate aux bienfaits de l'exportation, en ressentiront les suites indirectement et de diverses manières.

L'uniformité des droits promet donc de grands avantages; cependant, sans en tirer des conséquences qui ne peuvent se réaliser que successivement, et dont l'entier résultat dépend de tant d'autres circonstances qui doivent y coopérer, l'observateur froid conviendra que, pour les relations d'économie nationale extérieure de l'Allemagne, on ne peut rien désirer plus ardemment que le moment de l'éloignement des entraves qui ont jusqu'à présent paralysé l'exportation de ses productions aux contrées les plus étendues et les plus fertiles de l'Amérique méridionale.

Les Anglais ont eu jusqu'à présent, dans le commerce avec le Brésil, comparativement aux autres nations de l'Europe, une supériorite relative dont il faut chercher la raison dans les circonstances suivantes :

1° Dans le commencement prématuré de leur commerce direct avec le Brésil, qui date de l'ouverture de la guerre de la France avec l'Espagne de 1808;

2° Dans les grands avantages dont le commerce anglais a joui depuis long-temps dans les droits, d'après ses traités avec le Portugal, et qui lui ont été conférés aussi pour le commerce avec le Brésil, lors de l'établissement de la famille royale régnante à Rio-Janeiro ;

3° Dans tout ce qui concerne la rivalité de l'Angleterre avec la fabrication allemande, notamment dans les mesures qu'elle prit depuis la guerre de 1805 pour relever la fabrication des toiles irlandaises et écossaises, en conséquence desquelles, outre que les toiles allemandes furent prohibées, il fut accordé une prime d'exportation pour les toiles irlandaises et écossaises, comme suit :

Toiles jusqu'à 5 d. de valeur	1/2 d.
de 5 à 6 d. »	1 d.
de 6 à 1/2 »	1/2

4° Dans l'habitude des habitans du Brésil de porter des étoffes de coton que l'Angleterre leur fournit en quantité abondante :

5° Dans la politique que le gouvernement brésilien-portugais a suivie jusque depuis peu de continuer les avantages susdits, par égard à la protection de l'Angleterre.

Il est aisé de concevoir quels grands avantages a pu acquérir une nation telle que la Grande-Bretagne, accoutumée à conduire ses entreprises avec une force qui rejette tous les peuples du continent loin derrière elle, d'un empire comme le Brésil qui se trouvait encore à un si bas degré de culture; c'est elle qui, de bonne heure, entra la première en relation de commerce avec lui, et au surplus dans une époque où tous les autres peuples manufacturiers de l'Europe étaient exclus du commerce maritime. Toute la population brésilienne dut donc s'accoutumer à l'usage des marchandises anglaises; de sorte que l'habitude seule est devenue l'alliée le plus puissant des Anglais contre la concurrence des autres nations européennes qui y est survenue.

Le grand avantage dont les Anglais ont joui dans les droits, qui consistent dans ce qu'ils ne paient que 15 pour 100 des importations, tandis que les autres nations paient 24 pour 100 de la valeur suivant une évaluation fixe de la plupart de leurs articles qui, au surplus, à l'égard de plusieurs de ceux de fabrication allemande, est portée au-dessus du prix de vente, a augmenté fort la position préjudiciable des peuples du continent; et si l'on y ajoute les prohibitions hostiles de l'Angleterre contre le commerce de toiles des Allemands, qui était autrefois le principal article d'exportation de notre patrie, on se rendra compte du peu d'étendue qu'ont eu jusqu'à ce jour les exportations de l'Allemagne pour le Brésil.

Les mesures de l'Angleterre, contre notre commerce de toiles, l'ont ébranlé de la manière la plus violente. Les toiles de la Grande-Bretagne. délivrées de toute concurrence dans ce pays même où la consommation en est considérable, et en outre protégées par la prime d'exportation, sont en état, non seulement de rivaliser avec les nôtres dans presque tous les marchés, mais même de les y en déplacer. Ceci est le cas, particulièrement au Portugal et au Brésil, où la plus grande partie des importations de toiles allemandes consistait de sortes inférieures dont la prime anglaise s'élève de 15 à 25 pour 100 de leur prix coûtant en Allemagne. Comment était-il donc possible que notre commerce de toiles regagnât son ancien état florissant dans des circonstances si désavantageuses, après avoir cessé, six à huit ans ensuite, tandis que nos rivaux étaient en possession de tous les débouchés du monde? Dans les colonies espagnoles, où l'influence de l'Angleterre était moins puissante, notre exportation de toiles est devenue importante, et elle a pris la place de notre ci-devant commerce avec la mère-patrie, les Espagnols préférant toujours les toiles de lin aux étoffes de coton et de demi-lin des Anglais, de sorte que notre commerce avec ce pays est devenu sans contredit utile et avantageux pour l'Allemagne. Mais au Portugal, qui recherchait autrefois nos toiles, et surtout les sortes moyennes pour les envoyer au Brésil, il ne nous reste plus qu'une faible concurrence qui, cependant, nous fait espérer, malgré les circonstances désavantageuses sous lesquelles elle a lieu, que si les prérogatives de nos adversaires cessaient, notre commerce qui en est anéanti, revivrait aussi bien dans la mère-patrie que dans l'empire brésilien. Nous avons certainement la perspective que ce changement, qui est pour nous tant à désirer, aura lieu ; car, d'une part, suivant les débats du parlement britannique de 1825, la prime d'exportation doit cesser peu à peu dans un nombre d'années ; d'autre part, le gouvernement du Brésil paraît être incliné à abandonner la politique de commerce qu'il a suivie jusqu'à présent, pour faire jouir les autres nations des mêmes avantages que possèdent les Anglais. Le traité de commerce que le gouvernement brésilien vient de conclure avec la France prouve qu'il prend cette affaire sérieusement, et fait espérer qu'un ministère judicieux n'agira point autrement ; d'autant plus que l'Angleterre, qui couvre toutes les places du Brésil de ses marchandises et de ses produits, exclut néanmoins de sa communication toutes les productions du Brésil. C'est donc avec raison que nous devons attendre que les villes anséatiques tiendront le même rang que les nations les plus favorisées dans les relations de commerce avec le Brésil, d'autant plus qu'étant les seuls ports pour l'importation de l'Allemagne dans la Baltique, elles offrent les marchés les plus importans au débit des productions de ce vaste empire. L'Angleterre les exclut de sa consommation, comme nous l'avons déjà dit plus haut. En France, elles sont assujetties à un droit d'entrée plus fort que les denrées des colonies françaises et de la république de nègres, Haïti. La Russie prélevant sur les sucres du Brésil un droit de 10 et 15 pour 100 de plus que sur les autres sucres, il ne reste donc avec les villes anséatiques que le Portugal et l'Italie, comme les seuls consommateurs des sucres et cafés du Brésil. Ces articles, ainsi que toutes les autres productions brésiliennes, ne paient pas plus de droits dans les villes anséatiques, et en général dans toute l'Allemagne, que les mêmes articles des autres pays.

Si nous avons raison de nous livrer à l'espérance que notre commerce avec le Brésil sera placé au rang de celui des nations les plus favorisées, nous ne devons pas nous dissimuler, d'un autre côté, que d'abord la concurrence des marchandises des fabriques allemandes, avec celles des Anglais, ne sera pas facile, les habitans du Brésil étant accoutumés aux étoffes de coton, dont ils se servent, même où ils pourraient y suppléer les toiles de lin. Le commerce des toiles ne sera donc pas de grande importance dans les premiers temps, son déploiement ne pouvant être prompt, mais il est à présumer qu'il s'augmentera plus tard. On peut compter aussi que les marchandises de coton des fabriques allemandes entreront bientôt en concurrence avec celles des Anglais, d'autant plus qu'on se plaint généralement que ces dernières deviennent toujours plus inférieures, tant à l'égard de la fabrication que de la qualité.

On ne peut pas déterminer la valeur des marchandises qui ont été annuellement exportées pour le Brésil, des points de l'Allemagne septentrionale, mais on croit pouvoir l'estimer à un million d'écus au plus. Comme objet d'exportation de Brême, il faut nommer les suivans :

Les toiles de lin, et en particulier :

Toiles d'Osnabrück ou toiles à la rose.		Aniagens.
» de ménage, dites Hiegelinnen..		Crés.
» à voiles.	» Segelluch.....	Lonas.
» d'étoupes.	» Hiedenlinnen.	Estopas.
» écrues.	» Pleichtuch...	Calhamaços.
Cholet........................		Olandas cruas.
Bretagne......................		Bretanas.
Crées contrefaites dites Caserillos....		Crésengomadas.
Coutils.	» Bettdrell.....	Riscados de Gulchon.

Des marchandises de laine ; savoir : draps, casimirs et autres sortes d'étoffes légères ;

Des bonnets de laine ;

Des verreries et marchandises courtes ;

Des ferrureries, outils, de la poudre à tirer, de la poix, du goudron ;

Des huiles de lin et de navette ;

Des denrées ; savoir : beurre, fromage, lard, viande, jambons ;

De la farine et quelquefois du froment.

Notre exportation s'est réduite jusqu'à présent aux ports de Rio Janeiro et de Bahia ; mais si le commerce avec le Brésil gagnait plus d'étendue, sous des aspects plus favorables, il ne s'établirait sans doute pas un débit peu important, vers les ports du nord, tels que Fernambuco, Siara, Maranhaon et Para.

Les articles que le Brésil exporte pour l'Allemagne sont : le sucre, le café, le tabac, les peaux, les cornes de bœufs, dont en particulier :

Rio-Janeiro : du café, du sucre et des peaux. Ces dernières y sont apportées de Rio-Grande.

Bahia (dont la capitale est San Salvador) : du sucre et du tabac. On commence anssi à cultiver le café.

Fernambuco : du sucre et du coton. Cette province livre aussi le bois de teinture qui porte son nom.

Ces trois provinces resteront d'abord les principales, pour l'exportation au nord de l'Europe, parce que les productions des ports du nord, qui sont ceux de Maranhaon, Siara et Para, se réduisent aux cotons, et particulièrement au riz. Siara fournit aussi du bois jaune.

Il faut compter que de ces productions il vient à Hambourg et à Brême annuellement environ 30,000 caisses de sucre et 57600 arobes de café, et en outre une grande quantité de peaux et de cornes, que leur apportent les navires directement et en partie par l'entremise du Portugal et de l'Angleterre.

On a importé peu de tabac dans les quatre dernières années, tant à cause des bas prix de ceux de l'Amérique septentrionale que parce que les mauvaises récoltes de Bahia ne produisent pas beaucoup plus qu'exigeaient la consommation du pays et le commerce avec la côte d'Afrique. Le coton de Fernambuco s'envoie à l'Angleterre, la France et la Suisse, pour les filatures d'étoffes fines.

Pour Brême, on peut compter de l'importation susdite environ 3,000 caisses de sucre.

100/m. arobes de café, à peu près 2/2 millions de livres.

On estime la récolte des sucres du Brésil à environ 60 jusqu'à 70 caisses de 1000 à 1500, année commune. Dans l'année 1826, Bahia en a expédié 38,000 caisses.

Quant à la grande disproportion entre Brême et Hambourg, au sujet de l'importation, on en trouvera la cause en partie dans ce que nos négocians manquent d'un commerce d'exportation suffisant. Ils ont traité leurs affaires avec le Brésil moins rigoureusement qu'ils n'auraient fait autrement, et que semblait même exiger l'importance de ce commerce; en partie dans ce que les Hambourgeois ayant possédé des relations plus anciennes et plus étendues au Portugal, ils reçoivent des chargemens que leur consignent les propriétaires portugais du Brésil, pour leur propre compte; enfin, dans ce que les Anglais qui reçoivent des retours en sucre, pour les marchandises qu'ils y ont envoyées, dirigent les chargemens sur Hambourg, comme une place qui offre un grand marché pour cet article.

Avant la domination française, Hambourg avait un grand nombre de raffineries qui s'élevaient à 400, tant grandes que petites. Elles offraient un débit facile aux sucres bruts qui étaient apportés à ce marché. Le nombre des raffineries a depuis fort diminué, à cause de l'établissement de beaucoup d'autres, tant en Russie que dans l'intérieur de l'Allemagne, qui jouissent partout de grands avantages dans les droits. Par cette raison, l'existence des raffineries des villes anséatiques est devenue très-précaire. Considérant maintenant que Brême a fait aussi cette triste expérience, mais qu'au contraire notre marché de sucres bruts a considérablement augmenté depuis que la domination française a cessé, parce que plusieurs raffineries ont été établies dans les pays qui, par leur position, peuvent mieux se pourvoir de Brême que de Hambourg; considérant, de plus, que ces circonstances existent et influent encore au détriment de la fabrication, dans les villes anséatiques; on trouvera donc vraisemblable que notre marché pour les sucres s'augmentera de plus en plus, et que la différence avec Hambourg diminuera dans l'espace de peu d'années.

Voici l'aperçu des marchandises que Brême a importées depuis 1817 jusqu'à 1826 inclusivement, et desquelles le Brésil contribue à nous pourvoir.

	1817.	1818.	1819.	1820.	1821.	1822.	1823.	1824.	1825.	1826.
SUCRE....... livres	7,500,000	8,750,000	12,250,000	12,250,000	10,000,000	11,750,000	11,250,000	11,250,000	7,500,000	12,000,000
CAFÉ.............	9,500,000	7,000,000	11,400,000	10,550,000	9,300,000	9,750,000	7,750,000	10,300,000	10,700,000	12,300,000
COTON........ balles	3,464	"	3,949	4,341	1,898	7,730	3,579	950	2,335	7,084
PEAUX...... pièces	29,446	"	9,920	11,657	20,828	3,338	20,483	16,600	30,500	11,336
TABAC...... livres	"	"	95,000	1,270,000	1,615,005	4,200,000	"	"	"	"
Dito, surons ou balles	7,790	7,900	5,422	1,457	1,196	11,157	"	"	"	"
Dito........... fûts	5,889	7,860	6,974	9,975	10,410	10,989	13,910	10,155	11,696	8,773
Côtes de tabac... fûts	2,080	3,809	11,044	1,758	2,053	3,175	3,662	2,330	1,215	3,311

L'importation à Hambourg se monta en 1825 à environ 50 à 60,000,000 de l. de sucre, et 23,000,000 de l. de café.
en 1826 à environ 36 à 70,000,000 id. 24,000,000 id.

En concluant un traité de commerce avec le Brésil, il faudra chercher à obtenir :

1° L'uniformité des droits en général pour nos articles d'exportation avec ceux que paient les nations les plus favorisées, maintenant l'Angleterre et la France, par conséquent la diminution des droits d'entrée.

D'après les lois existantes, les nations favorisées ne peuvent faire leurs importations au Brésil que dans leurs propres navires et sous le pavillon brésilien ; si elles le font sous un autre pavillon, elles sont obligées de payer les droits élevés que l'on perçoit des autres nations. Comme on charge ici souvent des marchandises qui ne sont ni brémoises ni même de production ou de fabrication allemande, il serait bon de stipuler « que toutes les marchandises introduites de Brême sur des navires brémois ne devront acquitter que les droits modérés. Plus cette stipulation pourra être étendue, plus elle promettra d'avantages ; dans tous les cas, elle ne devrait pas être réduite, à moins que « pour toutes les productions du sol allemand et de l'industrie allemande. »

2° La modération des évaluations du tarif de douane pour les marchandises allemandes à l'importation. Le prix courant annexé démontre évidemment que le tarif porte des évaluations au-dessus du prix de vente pour quelques articles qui sont donc, de cette manière, encore plus chargés qu'ils ne devraient l'être, suivant les dispositions générales. Ce prix courant est fort incomplet; mais, à Rio même, on découvrira facilement quels sont les autres articles qu'il faut prendre en considération pour les débarrasser de telles inconvenances. Les évaluations du tarif devraient, à juste titre, toujours être portées plutôt au-dessous du prix de vente ordinaire qu'au-dessus.

2° L'égalisation des droits de navire dans le cas où il existerait des différences.

4° L'établissement d'un entrepôt où, à l'instar des Etats-Unis et de la Havane, les marchandises pourraient être emmagasinées pendant douze, dix-huit ou vingt-quatre mois, pour être réexportées sans payer de douane. Rio-Janeiro, dont la position est la plus favorable, et Bahia, si on pouvait aussi l'obtenir, deviendraient de cette manière les dépôts du commerce avec les provinces de la Plata, avec le Chili et le Pérou. Ceci est un motif qui devrait y disposer le gouvernement brésilien.

5° Enfin, la liberté des cultes pour les citoyens brémois ou anséatiques et leurs parens, et attachés sous la protection du consul.

Primes ou bounties sur les marchandises suivantes à l'exportation pour les colonies et états étrangers accordées en Angleterre.

Toiles de lin jusqu'à 5 d. de valeur 1/2 d. p. yard.
de 5 d. 6 » 1 »
de 6 1/6 » 1/2 d. »
Toiles de lin rayées et à carreaux.. 1/0 d. »
d. 7 d., pas plus que 1/25.

Depuis l'année 1825 inclusivement, chaque année que l'on compte au 5 janvier, les bountines diminuent de 1/10; de sorte qu'on ne bonifie que 7/10 pour l'année 1827, et que la prime finira en 1834.

Toiles à voiles, ou voiles de navires, exportées comme marchandises........................ 2 d. p. y.
Cordages de chanvres étrangers, mais non pas des colonies anglaises et des Indes orientales, 5/11 d. p. y.
Bouteilles et autres vases et verreries. 8/11 p. quintal.

www.ingramcontent.com/pod-product-compliance
Lightning Source LLC
LaVergne TN
LVHW052023160826
845678LV00003B/1183

* 9 7 8 2 3 2 9 6 4 7 2 5 8 *